Mes premiers livres de science

Nicola Lopetz

Un livre de la collection
Les jeunes plantes de Crabtree

CRABTREE
Publishing Company
www.crabtreebooks.com

Soutien de l’école à la maison pour les parents, les gardiens et les enseignants

Ce livre aide les enfants à se développer grâce à la pratique de la lecture. Voici quelques exemples de questions pour aider le lecteur ou la lectrice à développer ses capacités de compréhension. Les suggestions de réponses sont indiquées en rouge.

Avant la lecture

- De quoi ce livre parle-t-il?
    - *Je pense que ce livre parle des grosses machines.*
    - *Je pense que ce livre parle de pousser et de tirer.*

- Qu’est-ce que je veux apprendre sur ce sujet?
    - *Je veux apprendre ce que peuvent faire les grosses machines.*
    - *Je veux savoir quels sont les différents types de grosses machines.*

Pendant la lecture

- Je me demande pourquoi…
    - *Je me demande pourquoi les bouteurs peuvent déplacer de gros rochers.*
    - *Je me demande pourquoi les bouteurs ont une lame à l’avant.*

- Qu’est-ce que j’ai appris jusqu’à présent?
    - *J’ai appris qu’on peut pousser quelque chose pour l’éloigner.*
    - *J’ai appris qu’on peut tirer quelque chose pour la rapprocher.*

Après la lecture

- Nomme quelques détails que tu as retenus.
    - *J’ai appris que la poussée et la traction sont des forces qui font bouger les choses.*
    - *J’ai appris qu’une force plus puissante fait bouger un objet plus loin.*

- Lis le livre à nouveau et cherche les mots de vocabulaire.
    - *Je vois le mot **pousser** à la page 8 et le mot **tirer** à la page 14. Les autres mots du glossaire se trouvent à la page 22.*

Table des matières

Les grosses machines poussent

Nous utilisons de grosses **machines** pour déplacer les choses.

MOTS scientifiques

machines
(ma-chine) :
Les machines sont fabriquées par des gens. Nous utilisons les machines pour faciliter le travail.

Nous utilisons un bouteur pour déplacer la terre et les rochers.

Le bouteur est doté d'une grosse lame pour **pousser** la terre et les rochers vers un endroit différent.

MOTS scientifiques

pousser (pou-ssé) : Dépalcer quelque chose en appuyant dessus.

Quel bouteur devra pousser plus fort?

Oui, celui-ci. Il devra utiliser une plus grande **force** pour pousser le rocher plus gros.

Les grosses machines tirent

Nous utilisons un tracteur pour déplacer un chariot.

Une remorque est fixée au tracteur pour que le tracteur puisse la **tirer**.

MOTS scientifiques

tirer (ti-ré) : Déplacer quelque chose vers soi.

Quel tracteur devra tirer le plus fort?

Oui, celui-ci. Il devra utiliser une plus grande force pour tirer la remorque plus grosse.

Découvre les forces

Essaie d'utiliser plus ou moins de force pour faire bouger un objet.

1. Utilise un camion ou une voiture jouet. Donne une petite poussée au jouet et mesure à quelle distance il roule.

2. Replace le jouet au même endroit et donne une grosse poussée.

Laquelle des poussées a fait rouler le jouet plus loin?

Maintenant, attache une ficelle au jouet. Tente la même expérience, mais en tirant. Laquelle des forces a fait rouler le jouet plus loin — une poussée de la main ou une traction avec une ficelle?

Qu'as-tu appris?

Quelle phrase n'est pas vraie?

a. Les machines sont fabriquées par des gens.

b. Les machines facilitent le travail.

c. Les machines n'aident pas les gens.

Nous utilisons une poussée ou une traction pour faire bouger une chose.

Vrai Faux

Lequel de ces rochers nécessitera une plus grande force pour être déplacé?

a. b. c.

Glossaire

force (forss) :

Une force est quelque chose qui pousse ou qui tire une autre chose.

machines (ma-chine) :

Les machines sont fabriquées par des gens. Nous utilisons des machines pour faciliter le travail.

pousser (pou-ssé) :

Pousser signifie éloigner quelque chose de soi en appuyant dessus.

tirer (ti-ré) :

Tirer signifie déplacer quelque chose vers soi.

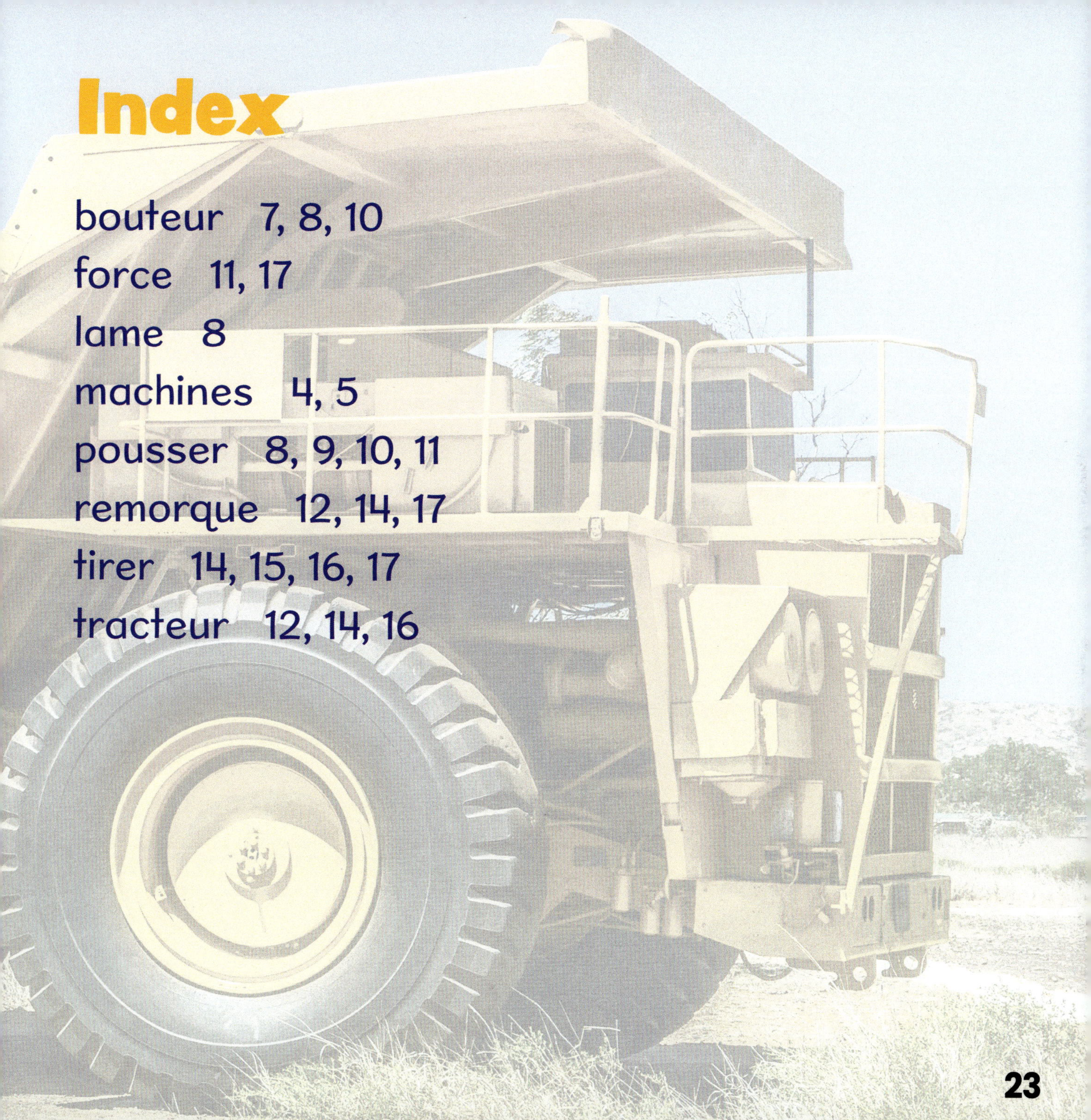

Index

Crabtree Publishing Company

www.crabtreebooks.com   1–800–387–7650

Version imprimée du livre produite conjointement avec Blue Door Education en 2021.

Références photographiques : Couverture ©shutterstock.com/Aleksey, p 2 ©shutterstock.com/Zdenek Sasek P. 4-5 ©shutterstock.com/GIRODJL, p. 6-7 ©shutterstock.com/TFoxFoto P. 8-9 ©shutterstock.com/GIRODJL, p. 10-11 ©shutterstock.com/bouteur © Vladimir Sazonov, roccher © photka, p. 12-13 ©shutterstock.com/jan kranendonk P. 14-15 ©shutterstock.com/ Hansen, p. 16-17 © tracteur © shutterstock.com /Photobac, remorque © shutterstock.com /Anatoliy Kosolapav, p. 18-19 ©shutterstock.com/ Sabphoto ZouZou, p. 22-23 ©shutterstock.com/M.INTAKUM

Imprimé au Canada/102021/CPC

Autrice : Nicola Lopetz
Coordinatrice à l'impression : Katherine Berti
Traduction : Annie Evearts

Publié au Canada par Crabtree Publishing
616 Welland Ave.
St. Catharines, ON
L2M 5V6

Publié aux États-Unis par Crabtree Publishing
347 Fifth Ave
Suite 1402-145
New York, NY 10016

Catalogage avant publication de Bibliothèque et Archives Canada

Titre: Pousser et tirer avec de grosses machines / Nicola Lopetz ; texte français d'Annie Evearts.
Autres titres: Push and pull with big machines. Français.
Noms: Lopetz, Nicola, auteur.
Description: Mention de collection: Mes premiers livres de science | Les jeunes plantes de Crabtree | Traduction de : Push and pull with big machines. | Comprend un index.
Identifiants: Canadiana (livre imprimé) 20210276126 | Canadiana (livre numérique) 20210276142 | ISBN 9781039608887 (couverture souple) | ISBN 9781039608931 (HTML) | ISBN 9781039608986 (EPUB)
Vedettes-matière: RVM: Force et énergie—Ouvrages pour la jeunesse. | RVM: Engins de terrassement—Ouvrages pour la jeunesse. | RVMGF: Documents pour la jeunesse.
Classification: LCC QC73.4 .L6614 2022 | CDD j531/.11—dc23